LE PRÉSENT,

LE PASSÉ ET L'AVENIR.

LE PRÉSENT,

LE PASSÉ ET L'AVENIR.

Par M. R. de C.....

A PARIS,

DE L'IMPRIMERIE DE POUSSIELGUE-RUSAND,

IMPRIMEUR DE S. A. R. M. LE DUC DE BORDEAUX,

rue de Sèvres, n° 2.

1830.

LE PRÉSENT,

LE PASSÉ ET L'AVENIR.

———

Les députés sont à peine réunis que le scandale éclate de toutes parts, que des brandons de discorde sont jetés aux quatre coins de la France. Le journalisme est devenu plus insolent et plus incendiaire que jamais. Dans son langage effronté il semble dire aux députés de la gauche : *Essayez tout aujourd'hui avec nous, car demain on peut nous bâillonner, demain on peut aussi vous renvoyer confus dans vos départemens.* S'il ne verse pas des larmes hypocrites au souvenir du discours du trône, il ajoute l'outrage le plus grossier à une inconvenante adresse. Tel est le journalisme de 1830, enhardi par un haut protecteur..... Sous le prétexte de s'occuper du bien public le libéralisme forme des clubs où le peuple n'est considéré que comme une machine à révolutions qui doit élever le plus téméraire et le plus rusé au faîte des grandeurs. On y parle de république, d'empire, de la fin malheureuse des Stuarts. L'un y demande peut-être quelque Louvel pour en terminer avec les Bourbons, tandis qu'un autre, moins criminel, ne veut qu'un soulèvement général qui forcerait la dynastie à s'exiler pour jamais. Cependant les lois semblent muettes, et la royauté demeure aussi impassible, pour ne pas dire aussi impuissante qu'en 1789. Si la monarchie ne doit point agir un jour, qu'elle déserte la France !!! les factieux auront assez de royalistes à sacrifier pour devenir criminels, et qu'ils les proscrivent seuls sans qu'il leur soit permis de porter plus haut des mains dégouttantes de sang. Je me hâte de le proclamer : les Bourbons peuvent régner encore ; ils le doivent par amour pour les Français si long-temps malheureux. Seulement pour régner il faut vouloir ; et qui les empêche d'avoir une volonté non pas changeante selon le caprice de courtisans et de ministres incapables, mais une volonté à la Louis XIV, qui se fasse apercevoir dans les plus petites choses comme dans les plus importantes ?

La chambre des députés actuelle est un véritable fléau pour la société, qu'elle tend à désorganiser par des innovations dans les trois pouvoirs, et par une ambition coupable qui la porte à penser qu'elle a toute puissance exécutive. Nous la devons à l'impéritie ou au trop de confiance dans leur savoir de ministres qui ne sont plus.

Sa témérité est encore augmentée par le peu de volonté des ministres du jour. J'ai dit que la chambre actuelle était un veritable fléau pour la société, et je le répète parce que toute vérité d'où dépend le salut de l'état doit être proclamée sans crainte. Les fonds publics, en grande faveur pendant l'absence des chambres, sont aujourd'hui en baisse, et les rentiers inquiets sur l'avenir, convertissent inconsidérément leurs fortunes en papiers étrangers; le commerce languit plus que jamais, la désunion se met dans la grande famille; et que faut-il encore pour accuser cette chambre tracassière au tribunal de la nation? Cependant elle n'en demeure pas là : audacieuse comme le criminel endurci, elle étend une main destructive sur les lis; elle cherche à arracher un à un les insignes du trône pour que la royauté, devenue méprisable aux yeux des peuples, disparaisse sans éclat. Mais qu'ils y prennent garde ces hommes! les révolutions dévorent tôt ou tard leurs zélés partisans; elles détruisent leurs immenses fortunes s'ils sont opulens, ou elles leur font payer bien cher par le remords et la crainte de les perdre des richesses et des honneurs momentanés, en attendant qu'elles promènent leurs têtes au bout des piques. C'est là où aboutissent les révolutions: pour le prouver je n'ai point besoin d'aller compulser les histoires des peuples, quand les dernières pages de l'histoire de France, encore fumantes de sang, attestent cette vérité. Téméraires , faites jouer maintenant votre mine : nous craignons d'autant moins ses funestes effets qu'elle doit causer votre perte peu de momens après qu'elle aura amené la nôtre. Je n'accuse pas le libéralisme tout entier, car ses neuf dixièmes ne veulent, je le sais, que le bonheur du peuple avec la royauté ; mais le dernier dixième, composé des hommes de 1789 et de 1815 , ne respire que trouble et destruction ; insatiable d'honneurs et de richesses, il met son espérance dans les événemens. Le peuple alors n'est plus rien ; sa prospérité , son bonheur , la paix sont de vains mots, et la France se trouve tout entière dans une poignée de factieux.

Si la couronne délibère timidement sur le sort de la chambre des députés, elle a tort : pour s'en convaincre elle n'a qu'à se rappeler que Louis XVI a hésité aussi, et qu'alors les factieux ont immolé leur victime. Elle n'a point deux partis à prendre pour sauver l'état avec la monarchie : le renvoi de messieurs les députés est plus indiqué aujourd'hui qu'au 5 septembre 1816. Les députés d'alors, mus par un zèle mal entendu, empiétaient sur les droits de la couronne avec l'idée fixe qu'ils allaient la consolider, tandis que maintenant ils ne gravissent un à un les degrés du trône que pour renverser la royauté avec moins de fracas. Redevenus simples citoyens ces hommes turbulens seront surveillés et mis en jugement s'ils s'écartent de l'ordre; et il est à penser que la justice impassible par devoir ne se prostituera pas au libéralisme; qu'elle appliquera rigoureusement les lois, laissant à la clémence royale le soin de grâcier, s'il y a lieu. Si la justice tremblait un moment devant le crime, elle serait bientôt remplacée par des tribunaux révolutionnaires qui, à la voix d'un nouveau Fouquier-Tinville, ne manqueraient pas de faire rouler les têtes de ces juges timides au pied de l'échafaud.

Voilà la chambre des députés dissoute : on ne peut en rester là, car la Charte s'y oppose formellement. En même temps qu'elle assure d'une manière incontestable les droits de la couronne, elle veut que l'on respecte les franchises du peuple. Elle a établi trois pouvoirs dont aucun ne disparaîtra devant les deux autres sans que la charte, violée, ne soit anéantie. La dissolution de la chambre nécessite la convocation des colléges électoraux. On va me dire que l'on trouvera pis que ce que l'on aura rejeté : non, car il est un point où le mal ne saurait augmenter. Les royalistes, d'ailleurs, éclairés par les factieux eux-mêmes sur leurs sinistres projets, sortiront enfin d'une indifférence trop long-temps coupable, et les électeurs de toutes les nuances sauront que si la nouvelle chambre arrivait avec des intentions hostiles contre la monarchie, force serait au roi de la dissoudre et de faire telles ordonnances que nécessiterait le salut de l'état.

M. Cottu parle de dictature ; et à quoi pense-t-il vraiment ? Ce mot, entaché de lugubres souvenirs, ne saurait s'allier avec la royauté des descendans de Saint-Louis, de Louis XII et du grand Henri. J'examine la royauté, non pas telle qu'elle était avant 1789, légitime par neuf cents ans d'existence ; indispensable par son influence bénigne sur le peuple : *ceci ne peut lui être contesté ;* mais telle que la charte nous l'a rendue en 1814. Ici chacun la commente à sa guise, lui accorde ou lui retire plus ou moins selon ses intérêts, bien qu'*elle soit immuable.* Octroyée librement par un Roi à son peuple, la charte, dans aucun cas, ne doit être interprétée au détriment des rois ; elle est au contraire leur sauvegarde ; elle déclare la personne du Roi inviolable et sacrée. Au roi seul elle attribue la puissance exécutive : elle l'établit le chef suprême de l'état. Il commande les forces de terre et de mer ; il déclare la guerre, fait les traités de paix, d'alliance et de commerce ; il choisit ses ministres, nomme à tous les emplois d'administration publique, et fait les réglemens et ordonnances nécessaires pour l'exécution des lois et la sûreté de l'état. Selon la charte la royauté n'est donc pas un instrument passif des deux autres pouvoirs, qui doivent toujours lui donner les moyens de soutenir glorieusement la guerre qu'elle a déclarée. Si le Roi a le droit de choisir ses ministres, ce que l'on vient de voir, aucune des deux chambres n'a le pouvoir de les lui arracher, quand bien même ils seraient de très mauvais ministres. Que peut-on reprocher à ceux-ci ? Une excessive douceur, que le libéralisme a dû prendre pour de la faiblesse; et voilà sans dou e ce qui le rend aussi hardi et aussi exigeant. J'admettrai que l'on peut quelquefois déposer au pied du trône des conseils pleins de respect et de sincérité, tout en me réservant de voir au-delà le premier pas qui conduit à l'anarchie; ainsi que l'a dit M. Royer-Collard en 1816 : *Le jour où le gouvernement n'existera que par la majorité de la chambre, le jour où il sera établi en fait que la chambre peut repousser les ministres du roi et lui en imposer d'autres qui seront ses propres ministres, et non les ministres du roi, ce jour-là, c'en est fait non seulement de la Charte, mais de notre royauté, de cette royauté indépendante qui a protégé nos pères et de laquelle seule la France a reçu tout ce qu'elle a jamais eu de liberté et de bonheur... ce jour-là nous sommes en république.*

Dans un gouvernement constitutionnel les pouvoirs doivent être limités sous peine de marcher à l'anarchie. Aussi la Charte a-t-elle fait clairement la part de chacun. Elle a plus fait: elle a encore prévu les momens de troubles et de crise. Dans le cas où un pouvoir deviendrait tracassier et ambitieux, elle veut que la royauté se mette à découvert, et alors elle lui accorde le droit, dont elle doit user avec sobriété, de faire des ordonnances pour la sûreté de l'Etat qu'elle est ainsi appelée à conduire, si des circonstances impérieuses l'exigent.

J'ai assez parlé du présent, et je vais analyser le passé, pour mieux apprécier l'avenir qui menace la France. Louis XVI avait supprimé de grands abus par sa seule volonté, et il s'apprêtait à opérer encore quelques réformes dans l'intérêt du peuple quand des haines, de concert avec de hautes ambitions, amenèrent une horrible catastrophe. Le roi le plus aimé et le plus digne de l'être a été sacrifié au bon plaisir d'une poignée de factieux. Si l'on écoute ces hypocrites ils n'ont agi aussi rigoureusement que pour le bonheur de la nation, et bientôt tous les maux l'accablèrent à la fois : aux guerres étrangères se joignirent les guerres intestines, beaucoup plus terribles dans leurs effets ; la famine, qui engendre les maladies, et la peste, qui fait planer son niveau de l'égalité sur le pauvre et sur la tête du riche. Le peuple vit aussi immoler ses prêtres qui l'avaient consolé sur le chemin souvent pénible de la vie, ses nobles qui l'avaient secouru dans ses besoins, et lui-même parce qu'il improuvait un régime de terreur. La république, accablée sous le poids des forfaits, dévora bientôt les ambitieux qui lui avait donné naissance, juste punition de leurs crimes ! et, décrépite à son berceau, elle pâlit devant un seul homme. A un régime de férocité succéda un régime de tyrannie, nécessaire sans doute pour apaiser les passions. Ce régime, qui allait s'adoucir, au dire de quelques-uns, ne s'adoucit point ; il devint de plus en plus tracassier et ombrageux ; comme la république il ne pouvait acquérir la légitimité qu'avec l'extinction de plusieurs générations [1] ; et sombre par cela même qu'il se sentait déplacé il n'a pu cesser d'être tyrannique. La tyrannie et la férocité sont les marques distinctives et infamantes de ce qui est illégitime. Voilà cet empire que l'on regrette parce qu'il a enrichi immodérément ceux qui l'ont servi avec un zèle outré. Il ne pouvait pas plus se perpétuer que la république dans un pays long-temps gouverné par des hommes généreux par les qualités du cœur, généreux encore par habitude. On a certainement bien pu annoncer le retour des Bourbons quelques années avant 1814. Dès-lors, Napoléon avait rempli la mesure de ses crimes politiques ; il avait fait assassiner le duc d'Enghein, étrangler Pichegru ; il n'avait rien ménagé pour obtenir de la justice la condamnation de Moreau. Il tenait captif le pontife romain, qui n'avait à se reprocher que trop de condescendance pour un homme mal apprécié ; il s'était emparé lâchement de l'Espagne, avait fait des prisonniers de ses princes ; partout il avait porté la guerre sans

[1] On n'est monarque héréditaire qu'après l'extinction de la seconde génération.　　　　　　　　　B. CONSTANT.

motifs, la jeunesse de France n'existait plus, l'âge mur était décimé, et la vieillesse malheureuse allait rester sans appui. Le trésor public était dilapidé pour entretenir des guerres ruineuses et sans fin, ou enrichir des favoris insatiables et les petits despotes des départemens, la rente mal payée et l'impôt à son comble. On disait alors *silencieusement*, car il n'était point permis d'élever la voix, encore moins d'écrire : *Qu'avons-nous gagné au renversement du trône des Bourbons? la misère la plus accablante et des larmes qui ne peuvent être essuyées par nos enfans... ils sont morts! nous avons pu protéger la vieillesse de nos pères, tandis que la république et l'empire ont dispersé çà et là les ossemens de nos fils! Si encore nous pouvions revoir un jour nos bons princes, ce serait un adoucissement à nos maux.*

Louis XVIII dans sa patrie fut bientôt entouré de courtisans maladroits et de factieux dont la souplesse l'étonna sans lui faire pressentir une arrière-pensée, car il était généreux, dont le repentir lui parut sincère. On lui conseilla de donner une Charte qui fut improvisée, quand mûrie par le temps elle eût été un chef-d'œuvre de sagesse et de politique. Les royalistes, cependant, ont dû l'accepter avec ses conséquences. Il restait beaucoup à faire; l'instruction, l'armée et l'administration demandaient de notables changemens : on ne fit rien. La suite nous a démontré que les ministres dont le roi venait de s'entourer étaient sans caractère et sans la moindre expérience des affaires publiques : 1815 eut son 20 mars avec ses désastres.

La royauté s'exilait à Gand pendant que l'empire, tout débonnaire pour la première fois, cherchait à se rasseoir, et demandait presqu'à mains jointes que l'on oubliât des sermens faits et faussés à la face des nations. Les puissances étrangères un moment stupéfaites par tant d'audace qui présageait à tous de nouvelles calamités ne restèrent point inactives; elles formèrent une nouvelle coalition devant laquelle le grand empire s'est brisé une seconde fois dans les plaines de Waterloo, laissant à la France une charge de deux milliards et quelques cents millions pour acquérir son indépendance et payer les nombreux créanciers de l'usurpateur. Les passions étaient en fermentation. Un homme, fort honorable avant 89, osa parler de rallier les Français autour d'un drapeau long-temps ensanglanté. Malgré ses efforts et les criailleries incendiaires des factieux, Louis XVIII remonta sur son trône aux acclamations d'un peuple ivre de joie.

La vindicte publique demanda bientôt le sang de quelques hommes : elle l'obtint. Il eût été beau cependant de pardonner, avantageux même à la monarchie; mais la clémence inépuisable du roi fut enchaînée par l'inexpérience et le caractère violent de quelques conseillers. Cependant le duc et la duchesse d'Angoulême poussaient la générosité jusqu'à sauver des dangers d'un jugement, même de la peine capitale déjà prononcée, des généraux qui les avaient combattus dans le midi. De Belle, Gilly, Decaen et Clausel leur doivent la vie.

Que l'on ne me parle pas des ministres depuis 1815; ils ont généralement négligé le grand œuvre de la restauration; les premiers pouvaient éloigner à jamais des deux chambres les hommes des cent jours; c'était justice, et la nation eût certainement applaudi à cette grande mesure; y ont-ils pensé? Incapables d'agir ils ont remis leurs déterminations au lendemain; sans volonté ferme ils ont laissé, timides spectateurs, empiéter sur les droits de la couronne, ou quand ils ont agi, car parmi eux je distinguerai un homme d'un rare talent, M. de Vilelle, ils n'ont point assez mesuré leur bonne volonté de faire à leur crédit dans l'opinion. Je ne parlerai pas de M. de Martignac, qui, avec des hommes bien trempés, aurait pu cicatriser de grandes plaies et ramener beaucoup de députés à de bons sentimens, ni de M. de la Bourdonnaye, qui seul eût été un excellent ministre; qui, avec des ministres sans détermination, a dû être insignifiant. C'est le moment de payer ma part d'une dette nationale à la mémoire du duc de Richelieu; la France lui doit l'affranchissement de son territoire et une réduction inespérée des charges dont le poids immense pouvait l'accabler et la rendre long-temps languissante. Les deux chambres lui ont voté en 1818 un majorat sur le domaine de l'état dont il n'a accepté que l'honneur en disposant du majorat de cinquante mille francs de revenu en faveur de l'hôpital de Bordeaux. Quelle était donc alors sa fortune ? quelques diamans, présent d'usage dans la diplomatie, que ses sœurs, mesdames de Montcalme et de Rochechouart, l'ont engagé plus tard à convertir en une rente de sept à huit mille francs sur le le grand livre. Sa conscience était tout pour M. le duc de Richelieu, bien digne d'un meilleur siècle. La plupart des ministres se sont contentés de faire avec noblesse les honneurs de leurs hôtels ; les royalistes ont été pour eux des hommes craintifs dont les prévisions importunent, dont les protestations de dévouement étaient comme chimériques au moment où rien ne leur paraissait menacé ; et l'on a vu les conspirations de Didier, de Plaignier et Carbonneau, l'assassinat d'un bon prince, la conspiration de Berton et les barricades de la rue Saint-Denis !!! Les ministres ont dû agir dès 1815, agir depuis pour réparer le passé ; et qu'ont-ils fait ? L'instruction publique n'a point cessé de produire des philosophes-enfans, qui, sans aucune connaissance de la religion et du monde, condamnent la religion avec leur petit savoir, régentent le monde et traitent les affaires publiques à coups d'écritoire. Le royalisme devait être honoré, peut-être récompensé : on l'a presque toujours abandonné sans honneurs et sans récompense pour accabler des faveurs ministérielles l'intrigue avec ses coteries et les courtisans. Une telle conduite a d'abord éloigné les royalistes du trône ; elle a fini par les rendre indifférens. Il faut le dire, cependant, et se hâter, rien n'excuse leur tiédeur que j'appellerai de l'égoïsme, quitte à changer d'opinion sur leur compte. Je divise les royalistes en trois classes, les intrigans, les faibles et les royalistes quand même !... le trône doit se tenir en garde contre les premiers, qui appartiennent à tous les gouvernemens, à toutes les dynasties ; il doit chercher à fortifier les faibles en se donnant tous les dehors de la fermeté et de la force, car ils peuvent lui être utiles dans les grandes occasions ; il doit enfin s'entourer des derniers, toujours disposés à le servir. Parmi ceux-ci il est des soldats de l'empire que l'honneur a long-temps guidés, et que l'honneur guidera jusqu'au dernier soupir.

Je vais m'occuper de l'avenir, et peut-être vainement, car si les fautes du passé n'instruisent point le présent, de quelle utilité seront-elles pour l'avenir ? On continuera à marcher demain dans la mauvaise voie, parce que l'on y marche aujourd'hui. Ceci me rappelle l'argument d'une dame de moyen âge, qui danse aujourd'hui parce qu'elle dansait hier, qui dansera demain parce qu'elle danse aujourd'hui. La crainte de sortir d'une mauvaise route avec éclat, fortifiée par le temps, deviendra invincible. On se traînera ainsi jusqu'au jour où il plaira au libéralisme, impatient, de crier : Peuple ! écoute attentivement : *La vieille monarchie d'hier est enfin anéantie, et tu es enfant de la république ; obéis, ou la mort ! elle a des piques pour combattre les scrupules et des échafauds pour les détruire.* Le peuple, étonné, obéira parce qu'il est dans son essence de s'incliner devant celui qui lui parle avec autorité.

On semble trembler et reculer d'effroi aujourd'hui devant tout ce qu'il y a à faire ; demain peut-être des ministres moins timides tenteront-ils le salut de l'état arrivé sur le bord d'un horrible précipice ; ils ne laisseront sans doute pas à des hommes au regard sinistre que l'on rencontre partout où il y a désordre et faiblesse, que l'on a vus à l'assemblée constituante, au dix août, autour de l'échafaud du roi martyr, en 1814, pendant les cent jours, le plaisir de tout bouleverser sans obstacles. Ces hommes, ils ont dit, et il est bon de le répéter : *Le jour heureux où nous foulerons aux pieds les derniers débris du trône des Bourbons, nous devrons pour en finir, de manière à ne plus craindre un retour, égorger les prêtres, les nobles et les hommes à modération* ; pour en finir aussi, il ne faut pas user de représailles, l'humanité s'y refuse ; mais qui empêche d'appuyer sur eux une main de fer qui les contienne dans leurs élans de férocité ? On ne verra pas cela avec les ministres, car il est difficile, pour ne pas dire impossible, à un ministère qui a fait généralement preuve d'une excessive douceur de déployer tôt ou tard tant soit peu d'énergie ; et quand il en deviendrait capable, son énergie alors amènerait des tempêtes funestes dans tous les cas. La malveillance, nourrie, pour ainsi parler, de la pensée qu'elle pourra réduire un ministère faible et l'amener à des concessions, emploiera tous les moyens, même les plus criminels, pour arriver à ses fins. La révolte est ce qui lui sourit ; et la voilà qui parle encore du refus du budget. Cette idée de se croire en droit de refuser l'impôt est si ridicule que l'on ne peut s'y arrêter qu'avec dédain, surtout, lorsque les rebelles font sans cesse des protestations de soumission à la Charte. Or, la Charte veut que la liste civile soit payée, que la dette publique soit payée, que les pensions des militaires et de leurs veuves soient payées ; la charte veut aussi que le roi commande les forces de terre et de mer, qu'il *déclare la guerre*, qu'il nomme à tous les emplois d'administration publique. Il faut cependant de l'argent pour tout cela ; et avec quoi paiera-t-on s'il n'y a plus de budget ? et comment les futurs députés seront-ils élus *selon la charte*, s'il n'y a ni candidats ni électeurs ? MM. Mauguin et Dupin n'en demeurent pas là : *on peut même refuser de payer l'impôt voté ;* mais à quoi serviraient les votes des deux chambres et la sanction du roi ? quand on parle aussi clairement, on apprend à tous son secret, et malheur à qui ne le comprend pas !

Refusera-t-on le budget ? En vérité ce serait

un acte tout à fait en dehors de la charte, et je ne le crois pas possible en France, malgré l'esprit de vertige qui domine quelques hommes assez influens par leur position. Ce serait un acte de rébellion d'un pouvoir contre les deux autres qui mériterait à ses auteurs, si ce n'est châtiment proportionné à l'énormité du crime, tout au moins honte et réprobation; ce serait un acte qui, pouvant amener par la suite les plus grands désastres pour le pays et la légitimité, maintenant indivisibles, dévrait être prévenu; si tant est qne les ministres, plus à la portée que moi de distinguer ce qui est caché en aient connaissance. Quand on peut l'empêcher, on ne doit pas laisser des hommes se parjurer; c'est une nécessité parlant ici le langage de la conscience, et c'est une nécessité politiquement parlant. Il faut éloigner avec énergie, sous peine de périr, un précédent qui aurait une influence funeste sur les chambres à venir. L'assemblée constituante a commencé la révolution que l'horrible convention a finie, et si l'on avait dispersé l'une, nul n'aurait à gémir sur les atrocités de l'autre.

Ce que l'on ne verra peut-être pas avec des ministres dont je me plais à reconnaître le talent et les bonnes intentions, dont j'admire le dévouement aux Bourbons et la vie privée, on pourra le voir avec leurs successeurs, s'ils savent apprécier tout de suite leur position et se former une majorité imposante dans les deux chambres, sans

laquelle point de salut pour un ministère quel-
conque. Alors il faudra congédier la chambre des
députés et assembler au plus vite les colléges
électoraux.

Il faudra revenir au renouvellement de la
chambre par cinquième, parce qu'il est plus fa-
cile de contenir deux hommes dans le devoir que
d'en contenir dix. Les auteurs d'un mémoire
au conseil du roi présentent quatorze systèmes
d'élections, tous hors de la charte. En prolon-
geant leurs rêveries ils finiront par offrir aux ministres quelque chose de mieux : je les y engage.
Quand on a conçu quatorze systèmes il n'est pas
bien difficile d'en concevoir une centaine ; car
la matière est surabondante pour ceux qui se ré-
signent à exploiter les idéalités.

Il faudra donner à l'instruction les bases du-
rables de la religion.

Il faudra entourer la religion de plus de respect, assurer une aisance moins mercenaire à ses
ministres, et ne pas souffrir que l'on insulte ce
qui est sacré; car, a dit Montesquieu, le gouvernement qui laisse outrager ses croyances est bien
près de sa ruine.

Il faudra limiter la presse, dont les écarts af-
fligent les hommes sensés, en même temps qu'ils
enhardissent les factieux. Entre la liberté de la
presse et la licence il est une bien grande diffé-
rence; et si l'on ne sait pas l'apprécier il n'y a
plus de gouvernement possible. La première crée

et éclaire, l'autre au contraire égare et détruit.

Il faudra donner la loi départementale tant désiré et si nécessaire au repos et à la bonne administration des communes, non pas telle que l'ont arrangée des ministres concessionnaires, mais telle à peu près que l'entendaient MM. de La Bourdonnaye et de Villèle en 1816. Qui empêchera de faire de çette loi un acte additionnel de la Charte?

Il faudra, par une économie entendue et sans lésine, arriver à la réduction de l'impôt, l'économie raisonnée, fait prospérer les états, tandis que la mesquinerie les rend vils aux yeux des peuples, et méprisés chez les nations voisines.

Il faudra détruire le cumul des places et des pensions, nuisible à l'administration, dont il entrave la marche, aux progrès des sciences, et sans utilité pour la monarchie, qui récompense trop souvent des ingrats.

Il faudra donner à la chambre des pairs plus de prépondérance dans l'opinion, soit en rendant ses séances publiques, dont le calme contrasterait avantageusement avec la turbulence de la chambre des députés, si toutefois la Charte ne s'y oppose pas formellement; soit en ne nommant à la pairie que des hommes riches, dont le royalisme réfléchi et bien connu formerait l'opinion des départemens, et dirigerait les électeurs dans le choix des députés. Rarement on a eu raison d'appeler à la haute chambre des députés royalistes , de quel quenuance qu'ils aient été. Utiles au gouvernement comme députés , même avec un peu d'opposition contre tels ou tels ministres, ils s'annulent comme pairs , parce que là il y a généralement sagesse et nécessité de servir la monarchie, tandis que plus loin il y a ambition et quelquefois démagogie.

Il faudra continuer à encourager l'armée et à laisser l'avancement à qui le merite.

Pour opérer quelque bien il faudra de toute nécessité un plan vigoureusement tracé : sans quoi l'on ne fera rien.

Voilà l'avenir tel que je le souhaite avec les honnêtes gens : s'il ne nous arrive point tel , car on ne peut jamais répondre de la volonté des hommes , alors nous combattrons pour notre pays malheureux; et l'oppression dût-elle encore triompher, après avoir long-temps obéi à l'honneur nous mourrons tranquilles au cri de *vive le Roi!*

FIN